Jörg Hagemann
wurde 1965 in Wolfenbüttel geboren. Er studierte in Braunschweig
Deutsche Literatur, Sprache und Geschichte. Sein beruflicher Weg
führte ihn als Texter nach München, wo er inzwischen als freier
Schriftsteller mit seiner Familie lebt.

Rudi Schedl
wurde 1971 in München geboren. Er absolvierte ein Studium für
Kommunikations-Design und Illustration an der Fachhochschule München.
Er arbeitet als Diplom-Designer und Artdirektor in einer Münchner Werbe-
agentur und als Illustrator für Kinder- und Jugendbücher.

Jörg Hagemann

Das
gestohlene
Weihnachtsfest

Illustrationen von
Rudi Schedl

ISBN 3-8000-5011-0
Umschlag- und Innenillustrationen von Rudi Schedl
Umschlaggestaltung von Werkstatt · München / Weiss · Zembsch
Copyright © 2003 by Verlag Carl Ueberreuter, Wien
Sonderdruck für den Verlag an der Este, Buxtehude 2007
Druck: CPI Moravia Books GmbH
1 3 5 7 6 4 2

Inhalt

1

Die Müllkinder

Der Schnee war doch noch gekommen. Gerade rechtzeitig zum ersten Weihnachtstag.

Als hätte Petrus alle Engel zu sich gerufen, die gerade mit Geschenkeeinwickeln fertig geworden waren. Als hätte er ihnen Schneeschieber in die Hände gedrückt, das Himmelstor geöffnet und mit seiner tiefen Stimme gesagt: »Nun schippt mal schön!«

Und dann hatten die Engel die weiße Pracht auf die Erde geschaufelt, bis die Menschen da unten ebenfalls Schneeschieber brauchten, um die ganzen Massen beiseite zu schaffen.

Wenn es nach Maria gegangen wäre, hätte man den Schnee ruhig liegen lassen können. Für sie gab es nichts Schöneres, als in dem unberührten Pulver herumzustapfen. So lief sie auch jetzt ein ganzes Stück abseits des Weges, den die Eltern gingen.

Die Glocken läuteten zum Gottesdienst. Maria hatte den Kragen ihrer Jacke bis über die Ohren hochgeklappt. Ihre blonden Haare hatte sie zu einem Knoten gesteckt und ihn unter die Mütze gestopft. Und mit den dicken Stiefeln, die sie trug, sah sie aus wie ein Astronaut, der sich auf Erkundungsflug durch das Weltall befand.

Vielleicht lag es daran, dass sie diese Entdeckung machte.

Verdattert blieb sie stehen.

Ihre Eltern gingen einfach weiter. Doch Maria musste sich das, was sie da entdeckt hatte, unbedingt genauer ansehen.

Zuerst dachte sie, dass es sich um Lumpen handelte, die irgendwer über ein paar Mülleimer gehängt hatte. Aber dann bewegten sich die Lumpen. Ganz langsam beugten sie sich über die Mülltonnen, steckten die Köpfe hinein und fingen an darin herumzuwühlen.

Maria stockte der Atem. Sie bekam es mit der Angst zu tun.

Doch als sie genauer hinschaute, bemerkte sie, dass die Gestalten ziemlich klein waren. Sie mussten sich auf die Zehenspitzen stellen, um in die Tonnen hineinsehen zu können.

Zehenspitzen!, durchfuhr es Maria. Denn sie war erschrocken, dass man die Zehen dieser Kinder durch deren kaputte Schuhe sehen konnte.

Sie musste es laut gesagt haben, denn die Gestalten

fuhren herum und blickten sie aus ihren dreckver-
schmierten Gesichtern an.

»Was willst du hier?«, raunte die eine.

»Das ist unser Revier!«, zischte die andere und zog
eine halb volle Colaflasche aus dem Müll. Der Fund
schien sie so zu beschäftigen, dass sie Marias Gegen-
wart glatt vergaß.

»Da!«, rief sie und hielt voller Stolz die Flasche hoch.

»Und ich erst!«, kam prompt die Antwort.

Das andere Kind hatte in der Tonne ein Stück geräucherten Lachs gefunden, das noch in der Originalverpackung steckte. Jemand musste den Fisch nur kurz probiert und ihn dann einfach weggeschmissen haben.

Die Kinder stopften ihre Beute in einen großen Plastikbeutel. Sie wollten sich gerade wieder über die Mülleimer beugen, als sie sich an Maria erinnerten.

»Du bist ja immer noch da!«

»Mach, dass du wegkommst!«

Doch Maria tat genau das Gegenteil. Sie kam näher.

»Frohe Weihnachten!«, sagte sie und hätte sich ohrfeigen können. Denn langsam wurde ihr klar, dass diese zwei armseligen Gestalten im Müll nach Nahrung suchten. Und da war es wohl kaum angebracht, einen fröhlichen Weihnachtsgruß loszuwerden.

Zu ihrer Überraschung wurden die Gesichter der Kinder freundlicher. Eines von ihnen lächelte sogar und streckte Maria die Hand entgegen.

»Frohe Weihnachten auch!«, sagte es und grinste von einem Ohr zum anderen.

So ein Dreck!, dachte Maria und malte sich aus, worin das Kind bis eben herumgewühlt hatte. Trotzdem überwand sie sich. Sie zog ihren Handschuh aus und reichte dem Kind die Hand.

»Ich bin Martin«, sagte der Junge.

»Und ich Daniela«, sagte das andere Kind und streckte ebenfalls die Hand aus. »Kannst aber ruhig Dani sagen. Tun alle.«

»Maria«, sagte Maria kurz und knapp.

Martin und Daniela musterten sie von oben bis unten.

»Sieht nicht so aus, als würde die uns groß Konkurrenz machen!«, meinte Martin.

»Nö! Die nicht. Der ihre Mülltonne würd ich gern mal inspizieren!«

»Mann. Da wär bestimmt was zu holen.«

»Und ganz besonders zu Weihnachten!«

Maria hatte dem Wortwechsel der beiden gespannt gelauscht. Für sie kamen die zwei Kinder aus einer völlig anderen Welt. Maria hatte nämlich die reichsten Eltern der Stadt. Deshalb lebte sie auch in einer Villa. Und wo diese zwei Gestalten lebten, daran mochte Maria gar nicht denken.

»… oder etwa nicht?«, hörte sie Martin sagen.

Sie brauchte ein wenig, bis sie verstand, was er meinte.

»Weiß nicht«, sagte sie. »Ich weiß beim besten Willen nicht, was wir so alles wegwerfen.«

»Sie weiß es nicht!«, stöhnte Daniela.

Und Martin rief: »Das wollen wir doch mal sehen! Los,

sag uns, wo du wohnst. Dann schauen wir nach. Zu Weihnachten gibt es immer was zu holen!«

Stolz zeigte er auf die Tüte, in der sich ihre bisherige Beute befand.

»Nun sag schon!«, drängte Daniela.

Die beiden Gestalten machten ein paar Schritte auf Maria zu, die sich allmählich unwohl in ihrer Haut fühlte. Sie merkte, wie ihr ganz warm wurde. Und das, obwohl draußen doch mindestens fünf Grad minus waren.

»Wo du wohnst!«, schnarrte Martin.

»Bist dir wohl zu fein!«, behauptete Daniela.

Maria machte einen Schritt zurück.

Dann noch einen.

Schnell drehte sie sich um und fing an zu laufen. So schnell sie konnte, rannte sie durch den tiefen Schnee. Sie drehte sich nicht um, wagte es nicht, zurückzublicken. Sie suchte nur verzweifelt nach den Eltern. Irgendwo mussten sie doch sein!

Da! Endlich! Vor dem großen Portal der Kirche warteten sie. Nur noch ein paar Schritte, dann hatte sie die Eltern erreicht.

»Da bist du ja!«, lächelte der Vater.

»Wo hast du denn gesteckt, Liebes?«, sagte die Mutter gutmütig.

Jetzt erst drehte sich Maria um: Der ganze Vorplatz

der Kirche war leer. Er war komplett zugeschneit. Sie verfolgte ihre Spur mit den Augen zurück. Hinten, ganz weit hinten, erkannte sie zwei Schatten. Sie standen vor einer dunklen Hauswand und winkten ihr zu.

Maria schnaufte tief durch.

»Wenn ihr wüsstet!«, antwortete sie den Eltern.

Dann folgte sie ihnen durch das große Portal in die Kirche.

Der alte Dom war wie eine Festung, die Maria vor allem beschützte, was von draußen kommen konnte.

Aber da kam nichts von draußen.

Das, was ihr Sorgen bereitete, trug sie in sich: die Erinnerung an die zwei Müllkinder, denen es so schlecht ging, dass sie im Abfall anderer Leute wühlen mussten. Auf einmal konnte es Maria gar nicht mehr verstehen, dass sie vor den beiden weggelaufen war. Plötzlich war es ihr, als würde sie jemand beobachten. Als würde das Christkind durch die Kirche schweben und auf sie herabblicken.

Konnte das sein?

Maria schüttelte den Kopf. Aber ganz sicher war sie sich nicht.

Doch genau genommen war es auch gar nicht wichtig. Sie brauchte gar keinen, der ihr zusah. Sie schämte sich auch vor sich selbst schon genug.

2

Das Armenhaus

»**D**a wären wir! Hasenstraße 12«, sagte Karl und musste erst mal seine Nickelbrille reinigen, auf der gerade ein paar dicke Schneeflocken gelandet waren. Der schmächtige Junge zeigte auf ein altes, verfallenes Haus, das so aussah, als würde es jeden Moment in sich zusammenbrechen.

»Sag bloß, du hattest wirklich keinen blassen Schimmer, was in der Hasenstraße 12 ist?«, brummte ein anderer Junge.

Er hieß Markus und sah Maria verwundert an, die unbekümmert antwortete: »Nö, woher denn?«

»Woher, woher?«, moserte Markus. »Einfach hinschauen genügt. Nicht immer bloß wegsehen, wenn dir was nicht gefällt.«

Markus stemmte die kräftigen Arme in die Hüften und baute sich vor Maria auf.

Viele Kinder wären jetzt erschrocken zurückgewichen. Mit Markus war nicht zu spaßen. Zwar konnte man seine kurzen Stoppelhaare nicht sehen, weil sie unter der Mütze steckten. Aber der Ohrring und die Zahnlücke reichten schon aus, um ihm etwas Verwegenes zu geben.

Doch Maria dachte gar nicht daran, klein beizugeben. Sie machte sogar noch einen Schritt auf Markus zu und zischte: »Ach so? Hinschauen genügt? Als wenn das bei dir je was genutzt hätte.«

»Was willst du damit sagen?«

»Dass es überhaupt nichts bringt, wenn man den Wald vor lauter Bäumen nicht sieht!«, meinte Maria.

»Toller Spruch!«, schimpfte Markus. »Ich hab jedenfalls gewusst, dass die Baracke da drüben das Armenhaus ist. Und du nicht!«

Und damit zeigte auch er auf das abbruchreife Gebäude, das da ganz einsam auf einem verwilderten Grundstück stand.

»Seid ihr endlich fertig?«, erkundigte sich Karl, der die Streitereien der zwei Freunde zu gut kannte, um sich noch darüber aufzuregen.

Er wartete die Antwort gar nicht erst ab, sondern ging über die Straße, stieß die rostige Gartenpforte auf und trat vor den Eingang des Hauses.

Markus folgte ihm. Maria brauchte noch etwas. Sie betrachtete das Gebäude von oben bis unten. Sah das Dach, auf dem kaum noch Ziegel waren. Bemerkte den

Putz, der von den Wänden gebröckelt war. Schaute in die Fenster, vor deren zerbrochene Scheiben Holzbretter genagelt waren. Alles wirkte so trist und dunkel, dass der Schnee, der im Garten lag, unwirklich hell erschien.

»Armenhaus!« Ganz leise sprach sie den Namen vor sich hin, den die Menschen der Behausung gegeben hatten. Bis gestern hatte sie nie etwas davon gehört. Also hatte sie Markus fragen müssen. Wenn sie etwas hasste, dann war das, eine Erklärung von Markus nötig zu haben! Immerhin hatte er ihr erzählt, wer in der Hasenstraße 12 lebte. Das waren Menschen, die sich eine eigene Wohnung nicht leisten konnten, weil sie kein Geld für die Miete hatten. Und da hatte ihnen der Besitzer des Hauses erlaubt, in dem alten Gebäude unterzuschlüpfen. Doch wenn der Winter vorbei war, würde es abgerissen werden. Und dann standen die Familien wieder auf der Straße.

Diese Vorstellung war für Maria so unangenehm, dass sie nicht länger darüber nachdenken wollte. Zum Glück schreckte sie Karls lautes Klopfen an der Tür aus ihren Gedanken auf.

Schnell trat auch sie in den Garten.

Sie hatte Karl und Markus gerade erreicht, als eine dunkle Gestalt im Eingang erschien.

Es war ein Mann, der einen alten, verwaschenen Daunenmantel anhatte.

Die Kinder wunderten sich noch, warum er so dick bekleidet war, als er mit kratziger Stimme sagte: »Was wollt ihr denn hier? Habt ihr euch verlaufen?«

Da trat Maria mutig zwischen Karl und Markus hervor und meinte: »Wir suchen zwei Kinder, Daniela und Martin. Vielleicht können Sie uns helfen?«

»Seh ich etwa aus wie ein Kindergärtner?«

Maria ließ sich nicht einschüchtern. »Das nicht gerade. Aber vielleicht kennen Sie die beiden ja trotzdem. Die zwei wohnen nämlich hier. Hoffen wir zumindest.«

Der Mann sah Maria argwöhnisch an.

»Kann sein, dass ich sie kenne«, meinte er. »Die Frage ist nur, woher ausgerechnet du sie kennen willst?«

»Weil ich sie gestern Abend getroffen habe. Vor der Kirche. Beim … ähm … Einkaufen … oder so.«

Der Mann lächelte bitter.

»So, so. Beim … Einkaufen … oder so. Dann wollen wir mal sehen, was wir für euch tun können. Kommt rein!«

Er gab den drei Kindern einen Wink und stiefelte einen langen Flur entlang, in dem sich die Tapeten von den Wänden lösten. Hier drinnen war es so kalt, dass sich die Drei nicht mehr fragten, weshalb der Mann einen so dicken Mantel trug.

Als er das Ende des Ganges erreicht hatte, wartete er, bis die Drei bei ihm angekommen waren, und meinte: »Los schnell. Ab durch die Mitte.«

Mit einer hastigen Bewegung öffnete er die Tür und schubste die Kinder hinein. Hinter sich ließ er die Tür schnell wieder zufallen, zwängte sich an den Dreien vorbei und rief: »Martin? Daniela? Kennt ihr einen von denen hier?«

Alles ging so schnell. Die Drei hatten gar keine Zeit,

sich richtig umzusehen. Ihre Blicke hetzten zu der Gruppe von Menschen, die da um einen alten Kamin kauerte, in dem ein schwaches Feuer brannte. Neben dem Schacht lehnte ein Weihnachtsbaum an der Wand. Er war ganz merkwürdig geschmückt. Zwischen den Zweigen schimmerten ein paar Coladosen rot hindurch. Zerrissene Papierfetzen hingen wie Lametta zwischen den Nadeln. Hoch oben auf der Spitze steckte ein fun-

kelnder Stern, der aus einem zerbeulten Stück Blech gefertigt war.

All das nahmen die Drei in Sekundenbruchteilen wahr. Dann waren bereits zwei Kinder aus der Gruppe aufgestanden und kamen zu ihnen herübergetrottet.

»Na, so was«, sagte ein Mädchen mit roten Wangen und zotteligen blonden Haaren. Sie war etwa zwei Jahre jünger als Maria, lächelte freundlich und meinte: »Das hätt ich aber nicht gedacht, dass wir uns so schnell wiedersehen.«

»Ich auch nicht«, musste Maria zugeben und reichte Daniela die Hand. »'tschuldigung. Es war doof von mir. Ich hätte gestern nicht einfach so weglaufen dürfen.«

»Dürfen schon. Aber nicht müssen!«, meinte Martin.

Er war zwei Jahre älter als seine Schwester. Obwohl er also genauso alt war wie die Drei, war er sogar noch ein paar Zentimeter kleiner als der schmächtige Karl. Dafür wirkten seine ganze Haltung und sein Gesicht viel erwachsener.

»Was wollt ihr hier?«, fragte er mit harter Stimme.

Maria nickte Markus zu.

Der kräftige Junge setzte seinen Rucksack ab, den er die ganze Zeit auf den Schultern getragen hatte.

»Wir haben euch was mitgebracht!«, verriet Maria und öffnete den Rucksack. Sie wollte gerade hineingreifen,

20

als ihr etwas einfiel. »Na, ich denke, es ist besser, wenn ihr das macht.«

Danielas Augen leuchteten.

»Was ist denn da drin?«, fragte sie.

Sie wartete gar nicht erst ab, ob Maria etwas antwortete. Schnell sprang sie herbei und griff in das große Innenfach hinein.

»Ein Weihnachtsmann!«, rief sie. »Aus Schokolade!«

Und schwuppdiwupp war die Hand schon wieder im Rucksack verschwunden.

»Echte Spekulatius-Kekse!«, freute sie sich.

Und dann legte auch Martin seine Scheu ab. Er konnte die Spannung nicht mehr aushalten und drehte den Rucksack einfach auf den Kopf.

Ganz vorsichtig ließ er eine Süßigkeit nach der anderen herausrutschen. Maria, Markus und Karl hatten die Hälfte von ihren bunten Tellern gespendet. Mit schweren Herzen hatten sie sich von den ganzen Leckereien getrennt. Wenn sie jetzt aber sahen, wie sehr sich die zwei Kinder über die unerwarteten Gaben freuten, dann bereuten sie es kein Stück!

Es dauerte eine ganze Zeit, bis sich Daniela und Martin all ihre Geschenke genau angeschaut hatten. Als sie fertig waren, sprangen sie auf und rannten zum Tannenbaum. Denn Karl hatte einen kleinen Karton Christbaumschmuck unter die Gaben gemischt. Und den wollten die zwei Kinder natürlich sofort an die Zweige hängen.

Maria beobachtete, wie die zwei andächtig vor dem Baum standen und gar nicht mehr wegschauen konnten. Auf einmal war sie richtig gerührt. Sie wusste gar nicht, von was. Waren es die zwei armen Kinder, denen das Glück nur so aus den Augen strahlte? War es die ganze Familie, die dieses kleine bisschen Glück mit ihnen teilte? Oder war es sie selbst, die sich plötzlich wie ein Engel vorkam, der das ganze Glück über die Familie gebracht hatte? Vermutlich war es von allem etwas, das sie jetzt diesen riesigen Fehler begehen ließ.

Sie wollte ihn nicht machen. Ganz im Gegenteil. Es war gut gemeint.

Zu gut gemeint!

Fröhlich griff sie in die Jackentasche, holte ihr Portmonee heraus, zog einen Geldschein hervor und reichte ihn den zwei Kindern.

»Da, kauft euch was Schönes. Ist ja schließlich Weihnachten.«

Im selben Moment merkte sie auch schon, das etwas verkehrt war.

Markus schlug die Hände vors Gesicht.

22

»Maria, nicht!«, flüsterte Karl.

Aber da war es schon zu spät. Der Mann im Daunenmantel sprang auf.

»Genug!«, rief er mit einer wahren Donnerstimme.

»Papa!«, schrien Daniela und Martin.

Doch der Mann hörte nicht.

»Genug!«, brüllte er. »Das haben wir nicht nötig! Das nicht!«

Erschrocken steckte Maria den Schein zurück.

»Schon gut, schon gut!«, sagte sie.

Aber nichts war gut. Rein gar nichts.

Plötzlich stand eine Frau auf und rief: »Nicht nötig? Nicht nötig, sagst du? Schau dich doch mal um. Dann siehst du, was wir alles nötig haben!«

Der Mann pumpte seine Brust wie einen Blasebalg auf – so, als wollte er gleich das halbe Haus zusammenschreien. Aber dann geschah etwas Unglaubliches.

Ganz langsam ließ er die Luft wieder entweichen. Und mit der Luft schien auch sämtliche Kraft aus ihm zu schwinden. Seine breiten Schultern sanken zusammen, der Kopf sackte ihm auf die Brust. Für ein paar Sekunden stand er einfach nur so da. Währenddessen war es totenstill.

Dann stieß er einen Seufzer aus, einen Seufzer, wie ihn die Drei noch nie gehört hatten. Er klang ihnen noch in den Ohren, als der Mann schon längst aus dem Raum getrottet war und seine Familie alleine gelassen hatte.

»Papa!«, schluchzte Daniela und rannte ihrem Vater hinterher.

Martin war kreidebleich. Auch er hatte den Vater noch nie so erlebt. Auch er kämpfte mit den Tränen. Doch irgendwie schaffte er es, sich zusammenzureißen.

Er wankte auf die drei Besucher zu und flüsterte: »Ihr geht jetzt besser!«

Karl und Markus nickten.

Nur Maria sagte: »Und ich bin schuld!«

Da schüttelte Martin heftig den Kopf. »Nichts da. Keiner ist schuld. Außer denen, die uns das eingebrockt haben!«

»Wer ...?«, riefen Maria, Markus und Karl fast gleichzeitig.

Doch Martin ließ sie gar nicht ausreden. Voller Verzweiflung sagte er: »Na, die verdammten Kerle, die uns alles gestohlen haben!«

3

Unglück im Unglück

»So, jetzt das Ganze noch mal von vorne!«, sagte Markus und trommelte ungeduldig mit den Fingern auf der Tischplatte herum.

Doch Martin brauchte noch etwas Zeit. Ungläubig schaute er sich im Geheimversteck der Drei um. Schon als sie den Weg hinauf zur Burg Ritterschlag gegangen waren, war ihm das Staunen ins Gesicht geschrieben gewesen. Als sie dann den Turm betreten hatten und die Wendeltreppe hinauf in das Zimmer gestiegen waren, hatte er verzückt ausgerufen: »Und das gehört wirklich alles euch?«

»Ja, doch!«, hatte Markus geantwortet.

Nur Karl war etwas gesprächiger gewesen: »Wir haben es geschenkt bekommen. Von einem echten Ritter. Weil wir ihm bei einem schwierigen Fall geholfen haben.«

Und da hätte Martin die alte Geschichte mit den Gruselgeistern am liebsten in aller Ausführlichkeit erzählt bekommen. Aber er musste einsehen, dass es eigentlich die Drei waren, die etwas hören wollten. Und zwar von ihm.

Maria unternahm auch gleich einen neuen Versuch: »Also, wie war das jetzt noch mal? Wer hat euch was gestohlen?«

Martin seufzte fast so tief und schwer wie sein Vater vorhin. Dann sagte er: »Wer, weiß ich auch nicht. Aber was, das kann ich euch sagen!«

Markus verdrehte die Augen. Musste man dem Kerl denn alles aus der Nase ziehen?

»Na schön!«, meinte er. »Dann sag uns wenigstens, was! Seid ihr wirklich im Armenhaus gelandet, weil euch jemand beklaut hat?«

Da war es Martin, der die Augen verdrehte.

Erstaunt rief er aus: »Wie kommt ihr denn da drauf? Davon war doch nicht die Rede!«

»Wovon denn?«, stöhnte Markus.

»Na, von unserem Weihnachtsessen. Wovon sonst?«

»Moment mal«, sagte jetzt Maria. »Ein Weihnachtsessen? Ich wusste gar nicht, dass man das klauen kann!«

»Und ob!«, beharrte Martin. »Ich kann es zwar nicht beweisen. Aber wetten, dass es so war?«

»Wetten, dass du es uns gleich erzählst«, meinte Markus. »Los, sag schon! Ist jemand bei euch eingebrochen?«

Martin schüttelte den Kopf. »Nicht nötig. Das Essen war noch gar nicht bei uns angekommen. Es war ja noch nicht geliefert!«

»Du meinst, ihr hattet es erst bestellt«, vermutete Maria.

»Sozusagen.«

»Und wo?«

Martin rutschte verlegen auf dem Sofa hin und her. Schließlich sagte er: »Beim Feinkost Schlemmer. Wie jedes Jahr.«

»Du spinnst ja!«, rief Maria verwundert aus.

Karl und Markus sahen sie fragend an.

»Kennst du den etwa?«, erkundigte sich Karl.

»Na klar! Das ist der teuerste Laden weit und breit. Da kaufen meine Eltern ein. Ich möchte zu gern wissen, wie das Martins Vater bezahlen will.«

»Will er ja gar nicht!«, widersprach Martin.

»Das musst du mir erklären.«

Martin quälte sich aus dem Sofa hoch, ging ein paar Schritte auf und ab und fing an zu erzählen: »Also, es ist so: Der Feinkost Schlemmer ist doch jedes Jahr zu Weihnachten voll bis oben hin mit Luxussachen. Müsstet ihr doch besser wissen als ich! Hier ein ganzer Teich voll Lachs, da 'ne Kiste Kaviar, Pasteten, Torten und so weiter und so fort. Klaro?«

Die Drei nickten.

Martin fuhr fort: »Das können die nie im Leben alles verkaufen! Und was machen sie mit dem ganzen Kram, wenn sie ihn nicht loswerden? Der wird doch schlecht! Der hält sich nie im Leben über die drei Weihnachtstage …«

»Und wenn schon!«, unterbrach ihn Maria. »Nach Weihnachten wäre es ja nicht mehr frisch!«

»Du kennst dich aus!«, bestätigte Martin. »Jedenfalls sind jedes Jahr noch Unmengen von dem Zeug da. Und deswegen und weil Weihnachten ist und weil sie auch mal was Gutes tun wollen – wegen dem allen denken sie einmal auch an uns! Deshalb schicken sie die ganzen Reste ans Sozialamt. Und die verteilen sie dann weiter. An die Armenhäusler.«

»Ist doch nett von denen!«, meinte Markus.

»Ja, schon. Aber diesmal war alles anders. Diesmal war es so wenig, dass es vorne und hinten nicht gereicht hat. In unserem Haus sind acht Familien untergeschlüpft. Das Essen hat aber nur bis zur dritten Familie gereicht. Dann war es alle. Und dabei hat schon jeder weniger bekommen als sonst. Und wir überhaupt nichts.«

Die Drei fanden die Geschichte sehr traurig. Deshalb sagten sie eine ganze Weile gar nichts. Dafür dachten sie nach. Sie mussten alle drei auf das gleiche Ergebnis gekommen sein. Denn als Karl anfing zu reden, nickten Maria und Markus einträchtig.

»Das hört sich alles sehr, sehr schlimm an«, meinte er. »Aber ich kann beim besten Willen nicht erkennen, wo da ein Diebstahl vorliegen soll. Immerhin kann es doch sein, dass der Feinkost Schlemmer in diesem Jahr mehr verkauft hat. Und deshalb hat er weniger zum Verschenken gehabt.«

»Das ist es ja!«, rief Martin laut aus. »Der Schlemmer hat so wenig wie nie verkauft. Mein Vater hat sich nämlich erkundigt. Ob da ein Irrtum vorliegt, hat er gefragt. Und da haben sie ihm gesagt, dass sie diesmal so viel wie nie ans Sozialamt geliefert haben. Nur, dass es …«

»… nur, dass es nie angekommen ist!«, rief Markus dazwischen.

»Genau!«, bekräftigte Martin. »Versteht ihr jetzt endlich?«

Und ob! Die Drei hatten verstanden. Es war ein fürchterliches Unglück im Unglück, das Martins Familie da passiert war. Und das ausgerechnet zu Weihnachten!

4

Ein alter und ein junger Zopf

So hatte Maria ihren Vater noch nie erlebt!
Meistens war er nämlich so streng, dass sie sich vorkam wie eine von seinen Angestellten in der Bank. Und nicht wie seine Tochter. Dass Herr Fünfziger auch mal richtig nett sein konnte, das hatte sie eher selten erlebt.

Vielleicht lag es daran, dass Weihnachten war: Auf einmal wurde der Vater so nett, dass es Maria fast unheimlich war.

Das heißt, zunächst war er erst mal so streng wie immer.

Es war am zweiten Weihnachtsfeiertag. Die Fünfzigers saßen vor dem Weihnachtsbaum, an dem die Kerzen brannten, und aßen zu Abend.

Der Vater schaute auf die Geschenke, die unter dem Baum lagen, blickte auf seinen bunten Teller. Dann auf den von seiner Frau. Und dann auf den von Maria. Auf seiner Stirn bildeten sich ein paar ganz zarte Runzeln.

»Maria?«

»Ja?«

»Was ist denn mit deinem bunten Teller passiert?«

»Och, nichts eigentlich.«

»Nichts?«

Die Furchen auf der Stirn des Vaters wurden so tief wie kleine Gräben. Aber davon merkte Maria nichts. Sie traute sich nicht, ihm ins Gesicht zu schauen.

»Wirklich nichts?«

Maria zählte die Kerzen am Baum und schüttelte den Kopf.

»Findest du es normal, dass du all deine Süßigkeiten an einem Tag aufisst?«

Da meldete sich auch die Mutter zu Wort: »Kind! Das ist doch nicht gesund!«

»Aber ich hab sie ja gar nicht aufgegessen!« Maria hätte sich am liebsten auf die Zunge gebissen. Aber da war es bereits zu spät.

Viel zu spät.

»Wo sind dann deine ganzen Süßigkeiten geblieben? Willst du mir das nicht verraten? Schau mich an, wenn ich mit dir rede!«

Mit gemischten Gefühlen schaute Maria zu ihrem Vater auf. Sie hatte ein wenig Angst, was passieren würde, wenn sie ihm die Wahrheit verriet. Aber eigentlich brauchte sie sich keine Vorwürfe zu machen. Also sagte sie: »In der Hasenstraße 12 …«

Kaum hatte sie ausgesprochen, da erlebte sie es: Wie nett ihr Vater sein konnte. Konnte es etwa sein, dass er ganz genau wusste, wer in der Hasenstraße wohnte? Jedenfalls hellte sich sein Gesicht auf. Freundlich sah er seine Tochter an. Und er unterbrach sie kein einziges Mal, als sie erzählte, was für ein Unglück Martin und seiner Familie widerfahren war.

Das Tollste an der Nettigkeit von Herrn Fünfziger war, dass sie bis zum nächsten Morgen anhielt.

Kaum hatte das Geschäft von Feinkost Schlemmer geöffnet, fuhr er auch schon mit seinem Auto vor, parkte genau vor dem Eingang und stiefelte mit Maria in den Laden.

»Guten Morgen allerseits!«, sagte er freundlich und lächelte sogar. Und das, wo man ihn um diese Uhrzeit noch nie hatte lächeln sehen.

»Guten Morgen, Herr Fünfziger!«, antwortete ein Verkäufer und machte eine leichte Verbeugung »Sie wünschen?«

»Dürfte ich Ihren Chef sprechen?«

»Einen Moment, bitte«, sagte der Verkäufer und verschwand durch eine Tür. Wenig später kam ein älterer Herr heraus, der seine schlohweißen Haare zu einem Zopf gebunden hatte. Der Mann steckte in einem piekfeinen Anzug. Über dem Anzug trug er eine weiße Schürze, auf der in geschwungenen Buchstaben folgende Worte gestickt waren: *Schlemmer – Inhaber.*

»Konstantin!«, sagte Herr Schlemmer und streckte Herrn Fünfziger die Hand entgegen. »Was kann ich für dich tun?«

Marias Vater schüttelte Herrn Schlemmer die Hand. »Balduin, nicht du allein, wir gemeinsam müssen etwas tun!«

»Gerne. Was schlägst du vor? Golf spielen? Oder Tennis?«

Der Vater lächelte amüsiert. Dann aber sagte er ernst: »Später, Balduin. Zuerst müssen wir uns mal um jemanden kümmern, für den es in diesem Jahr keine Weihnachten gab.«

Herr Schlemmer war überrascht. »Wen meinst du damit?«

»Die Menschen von der Hasenstraße 12. Die haben nämlich diesmal nichts zu essen gehabt.«

»Das kann nicht sein! Die beliefere ich doch immer.«

»Ja, schon«, meinte Marias Vater. »Aber leider ist davon nicht viel angekommen. Es hat vorne und hinten nicht gereicht. Gerade mal drei Familien sind satt geworden. Die anderen haben in die Röhre geschaut.«

»Das kann nicht sein!«, wiederholte Herr Schlemmer.

 33

»In diesem Jahr müsste es so viel wie nie gewesen sein. Die Geschäfte gingen nämlich gar nicht gut. Und da ist natürlich viel übrig geblieben.«

»Aber nicht für die Armenhäusler!« Es war Maria, die widersprach. »Ich habe sogar ein paar Kinder gesehen, die in Mülltonnen nach was zu essen suchen mussten.«

Herr Schlemmer schaute, als würde es ihm den Magen umdrehen. Als Feinkosthändler war er etwas empfindlich. Er schluckte ein paar Mal, dann fragte er seinen Verkäufer: »Wer hat denn die Fuhre für die Hasenstraße 12 fertig gemacht?«

Da meldete sich eine heisere Stimme: »Ich! Höchstpersönlich!«

Ein Junge, der ungefähr achtzehn Jahre alt war, kam um einen Tresen herum und schüttelte erst Herrn Fünfziger und danach Maria die Hand.

Maria musterte den jungen Mann von oben bis unten. Er hatte lange schwarze Haare, die er wie Herr Schlemmer zu einem Zopf gebunden hatte. Außerdem trug er den gleichen Kittel wie sein Chef, der offensichtlich sein großes Vorbild war.

Aber es stand etwas anderes darauf: *Bertram. Lehrling.*

Maria wunderte sich noch, warum der Mann als Lehrling so vorlaut war, als er schon erklärte: »Es war wirklich so viel wie nie. Der ganze Wagen war voll. Bis obenhin!«

»Das kann nicht sein!«, protestierte Maria.

Zu ihrer Überraschung blieb der Lehrling freundlich. »Und ob. Ich kann es sogar beweisen!« Und damit holte er ein paar Blätter Papier hervor und reichte sie Herrn Fünfziger. »Bitte schön. Die Lieferscheine. Da ist alles fein säuberlich notiert. Und vom Sozialamt unterschrieben.«

»Aber …« Maria wollte widersprechen, doch ihr Vater ließ es nicht zu.

»Maria, bitte!«, sagte er. »Es wird schon seine Richtigkeit haben. Deswegen sind wir auch gar nicht hier!«

»Und weshalb dann?«, erkundigte sich Maria trotzig.

Der Vater lächelte so milde, wie es Maria bei ihm noch nie gesehen hatte. Dann war er es, der ein Blatt Papier aus der Tasche holte und sprach: »Balduin, ich wollte dich fragen, ob du das hier bis heute Abend liefern kannst. Du weißt ja, wo wir wohnen.«

Herr Schlemmer überflog die Liste. Dann lächelte auch er. »Willst du eine ganze Kompanie verköstigen?«

»So ungefähr.«

»Doch nicht etwa die Bewohner der Hasenstraße 12?«

»Genau die!«

Herr Schlemmer schnalzte mit der Zunge. »Das ist eine schöne Idee, Konstantin. Da mache ich dir einen Sonderpreis. Und natürlich wird alles pünktlich geliefert. Heute Abend um acht?«

»Abgemacht!«, sagte der Vater und nahm Maria bei der Hand.

Normalerweise hätte sie sich dagegen gesträubt. Aber auf einmal fühlte sich die große warme Hand des Vaters so gut an, dass Maria sie am liebsten nie mehr losgelassen hätte.

5

Der dritte Weihnachtsfeiertag

Normalerweise gab es ja nur einen ersten und einen zweiten Weihnachtsfeiertag. Wenn es also noch einen dritten gab, dann musste etwas Außergewöhnliches geschehen sein.

Dass die Fünfzigers in ihrer Villa ein Fest feierten, war genau genommen nichts Besonderes. Wenn man es allerdings noch ein wenig genauer nahm, war bei diesem Fest alles anders als je zuvor: Vor dem Haus parkten keine Luxusautos. Im Garten warteten auch keine Chauffeure und froren in der Kälte.

Wenn man dann durch die Tür eintrat, konnte man das Besondere an diesem Fest nicht mehr übersehen: Da waren keine vornehmen Herren, die in ihren schwarzen Anzügen wie Pinguine durch die Gegend watschelten. Da waren auch keine feinen Damen, die kunterbunte Kleider anhatten und auch sonst so aussahen, als müsste irgendwo ein Schild »Frisch gestrichen« an ihnen hängen. Und es duftete auch nicht so blumig wie in einer Parfümerie. Es roch eher nach etwas erdigeren Tönen.

 37

Dafür hatte diese nicht ganz so feine Gesellschaft einen Spaß, wie ihn noch kein Gast bei den Fünfzigers je zuvor erlebt hatte.

Erst hatten es sich die Bewohner der Hasenstraße 12 so richtig schmecken lassen. Herr Schlemmer hatte sich nämlich selbst übertroffen: Da gab es gegrillte Hähnchenbrüstchen in Gelee, gedünsteten Lachs im Teigmantel, Wildleberpastete mit Preiselbeeren, Krabbencocktail im Salatbett und sonst noch allerlei Leckerbissen, dass einem schon vom Erzählen das Wasser im Munde zusammenläuft. Die Gäste stopften sich die Bäuche so voll, dass sie ihre Gürtel mindestens drei Löcher weiter schnallen mussten. Als das halbe Büfett geplündert war, bekamen sie Lust auf Bewegung.

»Kannst du nicht ein wenig Musik machen?«, erkundigte sich Daniela bei Maria.

Die zögerte nicht lange. Sie ging zur Musikanlage und kramte eine CD hervor. Gleich darauf ertönte aus den Boxen ein Weihnachtslied. Es hieß »Santa Baby«. Und weil es von Madonna gesungen wurde, konnte man supergut dazu tanzen.

Deshalb ging Daniela schnurstracks auf Karl zu und zog ihn auf die Tanzfläche. Martin lachte laut auf, schnappte sich Maria und hüpfte ebenfalls mit ihr durchs Zimmer.

»Na, so was. Die jungen Leute!«, staunte Marias Mutter.

Doch ehe sie's sich versah, tauchte Martins Vater vor ihr auf und stellte sich mit einer schneidigen Verbeugung vor: »Dollinger. Max Dollinger. Sehr angenehm!«

Weil Frau Fünfziger nicht ganz wusste, was sie darauf erwidern sollte, machte Herr Dollinger einfach noch eine Verbeugung und sagte: »Gnädige Frau. Darf ich bitten?«

Was soll man noch groß erzählen? Wenig später tanzte die halbe Gesellschaft durch den Saal. Denn nach Madonna war ein Weihnachtslied von Bryan Adams auf der CD. Und eins von Bruce Springsteen. Und von Bon Jovi. Und wenn man solche Ohrwürmer hört, dann geht's voll ab. Ob man nun in der Hasenstraße wohnt oder in einer Villa. So viel ist klar.

Nach drei weiteren Liedern war Maria ganz schön warm. Deshalb ging sie auf ihr Zimmer, um eines ihrer Weihnachtsgeschenke zu holen. Es handelte sich dabei um eine digitale Fotokamera. Der Apparat war das Modernste, was es auf dem Markt gab. Damit musste man die Filme nicht mehr wie früher zum Entwickeln bringen. Man schloss die Kamera einfach an den Computer an und schon konnte man sich die Bilder am Monitor ansehen.

Gab es einen schöneren Augenblick, den Apparat auszuprobieren, als jetzt?

Maria sprang wie eine Reporterin zwischen den tanzenden Pärchen herum. Sie knipste in alle Himmelsrichtungen, fotografierte ihren Vater, der gerade mit Martins Mutter tanzte. Sie schoss ein paar Bilder von Daniela und Karl, dann von Markus, der mit einem rothaarigen Mädchen versuchte den Takt zu finden.

Ein ums andere Mal flackerte das Blitzlicht auf.

Maria dachte, dass sie bald alle Gäste fotografiert hatte, als sie verdutzt stehen blieb. Einen Jungen hatte sie noch nicht aufgenommen. Als sie ihn erblickte, kicherte sie vergnügt vor sich hin.

»Herr Weihnachtsmann, bitte lächeln!«, rief sie.

Der Junge hatte sich extra für das Fest verkleidet. Er hatte einen weißen Watterauschebart im Gesicht, trug eine rote Zipfelmütze und hatte sogar eine Rute mitgebracht.

»Hohoho!«, lachte der Weihnachtsmann und winkte in die Kamera.

Klick! Klick! Klick!

Maria fotografierte den Jungen von allen Seiten.

»Danke! Du kommst bestimmt in die Zeitung!«, sagte sie fröhlich.

»Das will ich auch hoffen!«, antwortete er mit verstellter Stimme, die so tief und kratzig klang, als hätte sich der Weihnachtsmann erkältet.

Dann verbeugte er sich höflich und verschwand wieder unter den anderen Gästen.

Maria steckte die Kamera weg. Sie fand, dass sie genug fotografiert hatte.

Ausgelassen ging sie auf ihren Vater zu, der sich gerade den Schweiß von der Stirn wischte. So lange hatte er getanzt. Doch Maria kannte keine Gnade.

»Los, Papa!«, rief sie. »Der nächste Tanz gehört mir!«

Was blieb Herrn Fünfziger übrig? Er seufzte kurz. Dann folgte er seiner Tochter auf die Tanzfläche.

Als er endlich eine Pause machen durfte, war es schon weit nach zwölf Uhr. Und ob er es nun gut fand oder nicht: Die Feier war noch lange nicht zu Ende.

Aber daran lag es nicht, dass es am nächsten Morgen ein bitterböses Erwachen gab!

6

Bitterböses Erwachen

Am nächsten Morgen wurde Maria von einem spitzen Schrei geweckt.

Sie fuhr aus dem Schlaf hoch, schaute sich benommen um und sprang aus dem Bett.

Hatte sie etwa nur schlecht geträumt?

Doch da ertönte der Schrei zum zweiten Mal! Maria rannte aus ihrem Zimmer und sah die Treppe hinunter in den großen Saal, wo gestern die Feier stattgefunden hatte.

Da unten stand ihre Mutter und raufte sich die Haare.

»Kooooonstaaaaantiiiiiin!«, rief sie so laut, dass beinahe der mächtige Kronleuchter anfing zu wackeln. »Koooooonstaaaaantiiiiiin! Nun komm doch endlich!«

Maria erkannte sofort, dass da etwas nicht stimmte. Sie lief hinüber ins Gästezimmer um Markus und Karl zu wecken. Die zwei hatten bei den Fünfzigers schlafen dürfen. Aber von Schlaf war natürlich keine Rede mehr. Sie saßen verschreckt in den Betten und Markus meinte: »Was 'n da los?«

Aber Maria erwiderte nur: »Kommt schon! Zieht euch an! Wir sehen uns unten!« Damit rannte sie aus dem Zimmer und eilte die Treppe hinunter, wo ihre Mutter immer noch auf den Vater wartete.

»Mama! Was ist denn bloß passiert?!«, rief sie.

Frau Fünfziger antwortete nicht. Sie brüllte nur: »Koooonstaaaaantiiiiiin! Koooonstaaaaantiiiiiin!«, und sauste wie von der Tarantel gestochen durch den Raum.

Da endlich kam ihr Mann ins Zimmer gestolpert. Er trug einen Bademantel und hatte ganz nasse Haare. Von seiner Nasenspitze tropfte noch das Wasser.

»Marlene! Bitte! Was ist denn in dich gefahren?«, fragte er besorgt.

»O Konstantin!«, schluchzte Frau Fünfziger, lief auf ihren Mann zu und stürzte sich in seine Arme.

Der Vater strich ihr beruhigend über die Schulter. Dann meinte er: »Marlene! Nun sag schon endlich! Was ist denn bloß geschehen?«

Die Mutter schluchzte noch einmal laut auf und stieß hervor: »Bestohlen! Konstantin, man hat uns bestohlen!«

Der Vater blieb ganz ruhig. Er sah sich erst mal im Raum um. Er konnte beim besten Willen nicht erkennen, was fehlte.

»Und was, Liebes, meinst du, hat man uns gestohlen?«

Die Mutter war empört. »O Konstantin! Das ist wieder

mal typisch! Nur weil wir das schöne Silberbesteck von
meinen Eltern haben, fällt dir nicht auf, dass es weg ist.«

Der Vater zuckte die Schultern. »Vielleicht ist es im
Geschirrspüler. Das Dienstmädchen macht doch bestimmt schon die Küche.«

Die Mutter stampfte mit dem Fuß auf. »Nein! Nein! So
schlau bin ich auch gewesen! Ich habe mich natürlich
erkundigt. Das Besteck ist weg. Es muss gestohlen worden sein! Konstantin, wir müssen die Polizei rufen!«

 45

Herr Fünfziger nickte. »Ja, wenn das so ist«, meinte er nachdenklich. Doch dann schüttelte er den Kopf. »Marlene, das können wir nicht tun. Wenn wir die Polizei rufen, dann wird es morgen in der Zeitung stehen. Man wird die Armenhäusler verdächtigen. Und weißt du, was dann geschieht? Man wird sie aus ihrer Notunterkunft vertreiben. Willst du das?«

Die Mutter hatte gar nicht richtig zugehört. Sie sagte nur: »Das Einzige, was ich will, ist mein Besteck zurückhaben!«

Herr Fünfziger wanderte grübelnd im Raum umher. Er wirkte ziemlich ratlos. *Ohne* Polizei kein Besteck, dachte er. Fast hätte er zum Telefon gegriffen. Aber dann überlegte er weiter: *Mit* Polizei jede Menge Ärger für die Bewohner der Hasenstraße 12! Sollte er dafür die Verantwortung übernehmen? Es war zum Haareraufen! Er wusste keine Antwort.

Da bekam er von jemandem Hilfe, an den er nie im Leben gedacht hätte.

Es war Karl!

Der Junge stellte sich Herrn Fünfziger einfach in den Weg und meinte: »Ich wüsste da eine Lösung!«

»Wie bitte?«, sagte Herr Fünfziger, als wäre er schwer von Begriff.

Karl tat so, als hätte er es überhört, und fing einfach

an zu erklären: »Wie wär's, wenn wir den Fall übernehmen. Wir haben schließlich schon genug andere Fälle gelöst.«

Herr Fünfziger wusste nicht, ob er weinen oder lachen sollte. Deshalb sagte er zunächst einmal gar nichts.

Da trat Markus an Karls Seite und sagte: »Karl hat Recht. Lassen Sie uns bis morgen Abend Zeit! Wenn wir bis dahin nicht herausgefunden, wer es war, können Sie ja immer noch zur Polizei gehen!«

Herr Fünfziger sah seine Frau an.

Die meinte: »Aber ist das nicht viel zu gefährlich?«

»Ach was!«, widersprach Maria. »Wir wollen doch nur das Haus nach ein paar Spuren absuchen. Vielleicht sind wir danach schon etwas schlauer.«

Der Vater warf ihr einen strengen Blick zu. »Und ihr versprecht mir, dass ihr nichts tut, was euch in Gefahr bringt?«

Maria hätte am liebsten laut gejubelt. »Soll das heißen …«

»Versprochen?«, sagte der Vater.

»Versprochen!«, riefen Maria und Markus im Duett.

Nur Karl war in Gedanken mal wieder ein ganzes Stück weiter. Er hüstelte umständlich, dann erklärte er: »Wir hätten da noch eine Bitte, Herr Fünfziger.«

Marias Vater sah ihn erwartungsvoll an.

Karl hüstelte noch einmal, dann sagte er: »Wenn Sie beide jetzt bitte den Raum verlassen würden? Es darf nämlich nichts angerührt werden, wenn wir die Spuren nicht verwischen wollen. Das werden Sie doch verstehen, oder?«

Frau Fünfziger verdrehte die Augen.

Doch ihr Mann lächelte und meinte: »Zu Befehl! Komm, Marlene, wir verschwinden.«

Und damit nahm er seine Frau an der Hand und zog sie mit nach draußen.

Die Drei atmeten tief durch. Dann machten sie sich an die Arbeit. Die Zeit war so knapp, dass sie keine Sekunde verlieren durften.

»Kommt mal alle her!«, brüllte Markus. Er stand an einem der großen Fenster und blickte in den Garten.

Im Haus hatten sie nichts Verdächtiges gefunden. Seit geschlagenen zwei Stunden hatten sie alles durchsucht. Ohne Ergebnis. Also hatte Markus gedacht, dass es draußen eine Spur geben könnte.

Und richtig: Er zeigte aus dem Fenster und deutete auf die dichte Schneedecke im Garten, durch die eine einzelne Fußspur bis zur Straße verlief.

»Hier muss er hinausgeklettert sein!«, stellte er fest und rüttelte am Fenster.

Ohne dass er einen Hebel umlegen musste, sprang es einfach auf.

»Es war die ganze Zeit offen?«, riet Maria.

»Sieht ganz so aus«, antwortete Markus, der sich aufs Spurenlesen verstand wie kein Zweiter.

»Der Kerl muss sich im Haus versteckt haben. Als alle zu Bett gegangen waren, hat er das Besteck zusammengerafft und ist durchs Fenster geflohen.«

»Und weil man es von außen nicht wieder verschließen kann, musste er es offen lassen«, kombinierte Maria weiter.

Alles schien sonnenklar zu sein.

Trotzdem widersprach Karl. »Und warum ist er nicht einfach durch die Haustür nach draußen spaziert? Könnt ihr mir das auch erklären?«

»Weil die Tür mit drei Schlössern abgesperrt ist. Da hätte er schon die Schlüssel finden müssen. Darum ist er lieber durchs Fenster geklettert.«

»Klingt logisch«, musste Karl zugeben.

»Ist es auch«, stellte Markus fest und rutschte vom Fensterbrett hinab in den Garten. »Vorsichtig!«, mahnte er, als die anderen es ihm nachmachen wollten. »Passt bloß auf, dass ihr nicht die Spuren zertrampelt.«

»Sehen wir so aus?«, meinte Maria und war schon neben Markus im Schnee gelandet. Als Karl ebenfalls nach unten geklettert war, verfolgten sie die Fährte bis zur Straße.

Das Grundstück wurde von einer dichten Hecke eingeschlossen, die mit einer feinen Schneedecke überzogen war. Als sie das Buschwerk erreichten, sahen sie sofort, wo der Dieb sich hindurchgezwängt hatte.

»Hier!«, flüsterte Markus, als würde sich der Täter noch im Busch verstecken. »Hier ist er durch. Es ist kaum noch Schnee auf den Ästen.«

Er wollte die Zweige beiseite drücken, als ein Ruf ertönte: »Halt! Keine falsche Bewegung!«

Es war Karl. Er musste etwas entdeckt haben.

»Seht doch!«, sagte er und zeigte auf eine Stelle, wo gar kein Schnee mehr an den Ästen war.

Maria und Markus mussten schon genau hinschauen. Doch dann sahen sie es auch: Zwischen den Zweigen hing ein weißer Flaum. Fast hätten sie ihn übersehen, weil er sich kaum vom Schnee unterschied.

»Watte!«, staunte Markus. »Wie kommt die denn hierher?«

»Das kann ich dir sagen!«, jubelte Maria. »Das ist der Bart vom Weihnachtsmann. Er muss damit an den Zweigen hängen geblieben sein. Das ist ein eindeutiger Beweis. Der Weihnachtsmann hat das Besteck gestohlen!«

Karl und Markus sahen sich verdattert an.

»Ist sie jetzt ganz verrückt geworden?«, meinte Markus besorgt.

Und Karl fügte hinzu: »Maria! Glaubst du etwa noch an den Weihnachtsmann?«

Da erst ging Maria ein Licht auf, was die zwei von ihr denken mussten.

»Ihr Armleuchter!«, rief sie. »Natürlich war es nicht der echte Weihnachtsmann. Der, den ich meine, hat sich nur als Weihnachtsmann verkleidet.«

Doch die zwei anderen sahen sie nur mitleidig an.

Maria wurde langsam ärgerlich. »Wenn ihr mir nicht glaubt, kann ich's euch ja beweisen!«

»Und wie?«, wollte Markus wissen.

Da grinste Maria und antwortete zunächst mal gar nichts. Sie stiefelte einfach nur den Weg zurück zum Fenster.

Karl und Markus liefen hinter ihr her.

»Wie denn?«, rief Markus ihr nach.

Aber Maria tat so, als würde sie ihn nicht hören. Erst als sie das Haus erreicht hatte, drehte sie sich um und sah genießerisch in die gespannten Gesichter der Freunde. Und ihre Nasenspitze zeigte ganz weit hinauf zum Himmel, als sie endlich antwortete: »Ganz einfach. Weil ich ein Foto von ihm habe!«

7

Na, sauber!

Die Nachricht verbreitete sich wie ein Lauffeuer durch das Haus in der Hasenstraße 12. Die Nachricht lautete, dass irgendjemand die Fünfzigers bestohlen hatte. Und dass sich dieser Jemand vermutlich hier im Haus aufhalten würde.

Diejenige, die das Lauffeuer entfachte, war niemand anderes als Maria. Mit einer Fotografie bewaffnet klingelte sie an der Eingangstür. Diesmal war es Martin, der ihr öffnete.

Maria kam sofort zur Sache. »Wir suchen diesen Mann!«, sagte sie und hielt Martin das Foto direkt unter die Nase.

»Den Weihnachtsmann?«, staunte Martin.

Doch Maria war nicht nach Scherzen zumute. Anstatt zu lachen erklärte sie haargenau, was in der letzten Nacht geschehen war. Und da musste Martin einsehen, dass die Lage ernst war.

So ernst, dass Maria alles noch einmal berichten musste, als Martin seinen Vater gerufen hatte.

Der wurde ganz blass vor Ärger.

»So eine verdammte Schweinerei!«, fluchte er. »Da ist endlich mal jemand nett zu uns. Und dann so was! Den Kerl, der das war, den kauf ich mir. Und zwar auf der Stelle.«

So kam es, dass sich die Nachricht wie ein Feuer im Haus ausbreitete. In einem Zimmer nach dem anderen stellten die Drei ihre Nachforschungen an. Sie verglichen das Foto mit den Bewohnern. Sie suchten in den hintersten Ecken nach Spuren. Und wenn sich einer gegen diese Durchsuchung auflehnte, donnerte Herr Dollinger mit lauter Stimme: »Ihr könnt es euch ja aussuchen, ob ihr lieber die Polizei im Haus haben wollt! Ich jedenfalls bin dafür, dass wir den Fall selbst in die Hand nehmen!«

Niemand war so verrückt zu widersprechen. Denn was es bedeuten würde, wenn die Polizei in der Hasenstraße 12 aufkreuzte, das konnte sich jeder lebhaft ausmalen.

So machten die Drei nahezu ungestört eine komplette Hausdurchsuchung. Maria hatte ihren Fotoapparat gezückt, um sofort ein Bild schießen zu können, falls sie auf etwas Verdächtiges stoßen sollten. Doch als sie beinahe fertig waren, hatten sie immer noch keinen Anhaltspunkt gefunden.

Mutlos senkten Maria und Markus die Köpfe.

»Nichts!«, stöhnte Maria.

»Absolut nichts!«, bekräftigte Markus.

Und auch Herr Dollinger schaute etwas missmutig drein. »Da kann man nichts machen. Seid ihr euch wirklich sicher? Ich meine absolut sicher?«

»Absolut!« Es war Karl, der dem Mann entschieden entgegentrat. »Und außerdem haben wir ja noch gar nicht alles gesehen!«

»Was willst du damit sagen?«, erkundigte sich Herr Dollinger schroff.

Doch Karl ließ sich nicht einschüchtern. »Dass wir alle Räume untersucht haben – bis auf Ihren.«

Martins Vater atmete schwer. Er rang aber nicht nach Luft, sondern eher mit sich selbst. Es behagte ihm gar nicht, dass die drei Kinder sein Zimmer durchsuchen wollten. Leider konnte er sich schwer dagegen wehren. Denn unter den anderen Mitbewohnern wurde schon ein Murren laut.

»Jetzt bist du dran, Max!«, murmelten einige.

»Ja genau! Lass sie rein!«, sagten andere.

Und da blieb Herrn Dollinger nichts anderes übrig. Er stieß die Tür zu seinem Zimmer auf und ließ die Kinder ein.

Den drei Freunden liefen kalte Schauer über die

Rücken. Zuerst dachten sie, dass ihnen kalt war. Aber das war es gar nicht. Im Kamin loderte ein Feuer. Also musste es an etwas anderem liegen.

Es war diese unbeschreibliche Ahnung, die in dem Raum schwebte. Es war, als würden sie spüren, dass sie hier fündig würden. Dass es hier etwas gab, das den Täter verriet.

Maria, Markus und Karl steckten die Köpfe zusammen.

Noch einmal schauten sie auf das Foto. Noch einmal sahen sie den roten Weihnachtsmantel, die braunen Stiefel, den weißen Wattebart, die rote Mütze …

»Da!«, murmelte Maria.

Markus hatte es zur gleichen Zeit entdeckt. Er zeigte mit dem Finger auf eine klapprige Liege, unter der eine weiße Einkaufstüte lag. Aus dem Plastikbeutel schaute etwas heraus, das ihnen beiden sehr merkwürdig vorkam.

»Wer wohl dahinten schläft?«, flüsterte Maria, die sich nicht traute ihren Verdacht laut auszusprechen.

Doch es war laut genug.

»Ich!«, sagte ein Junge mit tiefer Stimme. »Was dagegen?«

»Konrad!«, stöhnte Herr Dollinger. »Junge! Sag! Du hast doch nicht etwa was damit zu tun?«

 55

Konrad schüttelte den Kopf. Er lächelte die Drei an und meinte: »Quatsch! Ich doch nicht!« Er rieb sich die Hände, als hätte er sie sich gerade gewaschen, und meinte: »Überzeugt euch selbst. Ich bin sauber!«

Maria starrte den Jungen ungläubig an. Dass er sauber war, glaubte sie ihm aufs Wort. Sie musterte seine braunen Haare, die ihr viel gepflegter vorkamen als die seiner Mitbewohner. Sie schätzte Konrad auf ungefähr achtzehn Jahre. Überrascht stellte sie fest, dass er keinen Bart hatte, also musste er gut rasiert sein. Und auch sonst machte er den Eindruck, als wäre er gerade frisch geduscht.

Irgendetwas stimmt mit dem nicht!, dachte sie. Und im gleichen Moment wusste sie, was es war! An diesen Jungen hätte sie sich ganz bestimmt erinnert, wenn er auf der Weihnachtsfeier gewesen wäre!

Sie hatte es kaum gedacht, da hörte sie sich schon fragen: »Dass du sauber bist, sehe ich. Aber ich frage mich die ganze Zeit, ob ich dich auch auf unserer Feier gesehen habe!«

Konrad druckste herum. Er wusste nicht, worauf Maria hinauswollte. Deshalb sagte er vorsichtshalber gar nichts.

Da hatte er nicht mit seinem Vater gerechnet. Der brüllte fast: »Ob du mit auf der Party warst, hat sie dich gefragt!«

Jetzt musste Konrad antworten.

»Ja, doch!«, erwiderte er und sah dabei zu Boden.

Maria konnte den Blick nicht von diesem Jungen wenden. Je länger sie ihn sich betrachtete, umso sicherer wurde sie, dass sie ihn auf der Feier nicht gesehen hatte. Und das konnte nur eines bedeuten: Entweder er war gar nicht erst da gewesen oder er war als Weihnachtsmann verkleidet gekommen. Und was das bedeutete, war klar! Sie überlegte noch, welche Möglichkeit die wahrscheinlichere war, als sie eine vertraute Stimme hörte.

Markus!

»Und ob er auf der Party war!«, rief er und schaute triumphierend in die Runde.

Er hatte es mal wieder geschafft! Während sie sich noch miteinander unterhielten, war er einfach um Konrad herumgeschlichen. Hinter seinem Rücken hatte er die Liege erreicht und die Tüte darunter hervorgezogen.

Mit einer schnellen Bewegung drehte er sie auf den Kopf. Und da rutschten drei Dinge heraus und landeten auf dem Boden:

Eine rote Zipfelmütze.

Ein roter Mantel.

Ein Paar braune Lederstiefel.

Klick! Klick! Klick!, machte der Fotoapparat von Maria.

»Ich glaube, jetzt musst du uns was erklären!«, meinte Markus ohne Konrad anzusehen. Er schaute in die entsetzten Gesichter von Martin, Daniela und Herrn Dollinger. Und das genau war der Fehler!

Denn Konrad hatte schnell begriffen, was der Fund

unter seiner Liege bedeutete. Er nutzte das allgemeine Entsetzen um zu handeln.

Er stieß Maria beiseite und rannte dann in einem Zickzackkurs an den anderen vorbei, als wären sie Slalomstangen. Da die Tür versperrt war, lief er zum Fenster, riss es auf und sprang hinaus in den Garten.

Es ging alles so schnell, dass keiner etwas dagegen unternahm.

Markus stand entsetzt neben der Liege und sah fassungslos zu, wie Konrad entkam.

»Haltet ihn. Haltet ihn doch!«, schrie er.

Zu spät! Denn da war Konrad bereits durchs Fenster verschwunden.

Markus zögerte keine Sekunde. Er entriss Maria den Fotoapparat und stürzte ans Fenster.

»Wir treffen uns bei dir, Maria!«, rief er der Freundin zu. Dann war er aufs Fensterbrett geklettert. Mit einem weiten Sprung landete er im Garten.

Der Schnee war weich und dämpfte den Aufprall. Und er hatte noch einen weiteren Vorteil: Markus konnte die Spuren des Flüchtlings darin einwandfrei erkennen.

8

Jäger und Gejagte

Konrad hetzte wie ein gejagtes Tier durch die Straßen. Schwer atmend rannte er, was die Beine hergaben.

Anfangs hatte Markus Mühe, ihm zu folgen. Doch je länger die Jagd dauerte, desto mehr merkte Markus, dass er wohl den längeren Atem haben würde. Das kam nicht von ungefähr. Denn Markus war ein richtig guter Sportler. Auf seinem Rennrad hängte er so manchen Schüler aus der fünften und sogar sechsten Klasse ab. Und Konrad war wirklich nicht gut in Form. Das wurde immer deutlicher.

Einmal spielte Markus mit dem Gedanken, den Jungen einzuholen. Doch das schien ihm zu gefährlich. Dass er länger laufen konnte, musste nicht heißen, dass er auch kräftiger war als Konrad. Und so entschloss er sich, den Flüchtling einfach nur zu verfolgen. Wenn er herausfand, wo sich Konrad versteckte, wäre das mehr als genug!

Aber auch so war die Verfolgung nicht einfach! Denn ab und zu sah sich Konrad um. Und Markus musste fürchterlich aufpassen, dass er nicht gesehen wurde. Einmal hielt Konrad sogar an und spähte in alle Himmelsrichtungen.

Markus schaffte es gerade noch, sich hinter einer Mülltonne zu verstecken. Dort kauerte er und lauschte auf jedes Geräusch. Kam Konrad näher? Oder lief er weiter davon? Erst als Markus Schritte hörte, die sich schnell entfernten, steckte er den Kopf aus seinem Versteck hervor und nahm die Verfolgung wieder auf. Doch ab da wusste er, dass er jederzeit entdeckt werden konnte.

Es passierte in einer Kurve!

Links führte der Weg in eine schmale Gasse. Konrad stoppte kurz ab und bog dann in die Seitenstraße ein.

In Markus läuteten alle Alarmglocken! Jede Abzweigung war gefährlich. Konrad konnte dahinter lauern um ihn abzufangen!

Markus verlangsamte seinen Lauf. Er presste sich an die Hauswand. Er spürte, wie kalt sie war. Trotzdem traute er sich nicht aus dem Hausschatten zu treten.

Die Alarmglocken läuteten lauter!

Schritt für Schritt tastete sich Markus vor. Er spürte, wie seine Knie wackelig wurden. Diesmal ging er zu weit! Er hätte den Kerl nie im Leben verfolgen dürfen. Wer anderer Leute Besteck klaute, war bestimmt noch zu ganz anderen Dingen fähig. All dies sagte er sich. Jetzt sah er es ein.

Ängstlich presste er sich noch enger an die Wand, als er ihn erblickte. Den Schatten unten am Fußboden! Ganz langsam kam er aus der Seitenstraße hervor.

Markus wusste sofort, was das bedeutete.

Mit dem ganzen Körper drückte er sich an die Wand. Er presste die Hand gegen den kalten Stein, als wolle er die Mauer durchbrechen.

Der Schatten war jetzt so weit aus der Gasse hervorgekommen, dass man die Umrisse von Kopf, Schultern und Bauch erkennen konnte. Gleich würde Konrad aus der Straße heraustreten!

Im selben Augenblick stieß Markus' Hand ins Leere. Zuerst wusste er gar nicht, was es war. Er folgte nur seiner Hand, die immer tiefer ins Nichts eindrang. Dann ging alles ganz schnell.

Markus drehte sich um, sah in einen dunklen schwarzen Spalt: Zwischen zwei Häusern befand sich eine schmale Lücke. Sie mochte ungefähr dreißig Zentimeter breit sein. Ohne nachzudenken zwängte er sich hinein. Immer tiefer und tiefer tastete er sich in den Spalt. Die Mauern ragten wie die Felswände einer Schlucht vor und hinter ihm auf. Er war etwa zehn Schritte in diesem Loch, als eine Gestalt vor ihm auftauchte.

Konrad!

Er stand vor dem Spalt auf der Straße und schaute sich nach allen Seiten um.

Er sah geradeaus. Nach links. Nach rechts! – In die Lücke hinein!

Markus duckte sich und kauerte am Boden. Er blinzelte nach oben. So beobachtete er, wie Konrad den Spalt untersuchte. Für einen Moment schien es, als wolle er sich hineinzwängen. Aber es gelang ihm nicht. Er war zu kräftig. Ein zufriedenes Grinsen glitt über sein Gesicht.

Markus konnte es sehen, ohne dass er selbst entdeckt wurde. Zu dunkel war es in diesem Loch, in das kein Tageslicht drang.

Plötzlich drehte sich Konrad um und ging fort. Sein schneller Schritt hallte durch die Straßen.

Und Markus wusste, dass er sich beeilen musste. Schnell zwängte er sich aus seinem Versteck hinaus.

Die Verfolgung ging weiter.

Vor einem großen gelben Haus war die Jagd zu Ende.

Das Haus erinnerte Markus an die Villa, in der Maria wohnte. Auch dieses Gebäude hatte an den Ecken kleine Türmchen – wie ein Schloss. Hier wohnten Menschen, die genauso reich waren wie die Fünfzigers. Das war klar!

Doch was hatte Konrad hier zu suchen?

Markus blieb hinter einem verschneiten Busch stehen und spähte über die Zweige.

Konrad schlüpfte durch eine Lücke im Zaun und durchquerte den Garten.

Markus trat aus seinem Versteck hervor und rannte quer über die Straße bis zum Zaun. Ein Pfeiler war gerade so breit, dass er sich dahinter verbergen konnte.

Atemlos vor Spannung beobachtete er, wie Konrad bis zur Villa lief. Der Junge bückte sich, hob etwas Schnee vom Boden auf und schaute nach oben. Fast sah es aus, als würde er die Fenster zählen. Doch Markus erkannte sofort, dass Konrad nur das richtige Fenster suchte. Er schien es gefunden zu haben, denn er nickte kurz und holte aus. Ein kleiner Schneeball sauste gegen ein beleuchtetes Fenster.

Markus griff in seine Jackentasche und holte Marias Fotoapparat hervor. Hastig schaltete er die Kamera ein und richtete sie auf das Fenster.

Aber es geschah nichts, außer dass im Zimmer das Licht ausging.

Konrad nickte abermals und rannte wieder quer durch den Garten.

Markus bekam es schon mit der Angst zu tun, dass der Junge wieder zurück zum Zaun eilen würde, als er sah, was das Ziel des Sprints war: Im hintersten Eck des Gartens befand sich eine kleine Holzlaube.

Konrad hockte sich vor ihren Eingang und wartete.

Es mochten etwa drei Minuten vergangen sein, als sich die Tür der Villa öffnete. Eine Gestalt trat heraus. Während Markus schnell ein paar Fotos schoss, erkannte er, dass es sich dabei um ein Mädchen handelte. Unter ihrer Mütze quollen dichte schwarze Locken hervor und wehten im Wind, als sie zur Gartenlaube hinüberlief.

Markus gebrauchte die Kamera wie ein Fernglas. Er richtete sie auf die Gartenlaube: Automatisch stellte sich das Bild scharf. Durch die Linse sah er, wie sich das Mädchen und Konrad in die Arme fielen.

Markus drückte ein paar Mal auf den Auslöser. Dann verschwand das ungleiche Paar in der Laube.

Markus blieb verdutzt stehen. Er wusste nicht, was er machen sollte. Er konnte Konrad ja nicht bis auf das fremde Grundstück verfolgen.

Er zögerte noch, ob er es doch tun sollte, als ihm die Entscheidung abgenommen wurde: In einem Zimmer war das Licht angegangen. In dem hell erleuchteten Fenster tauchte ein Kopf auf. Markus erkannte einen jungen Mann, dessen lange Haare zu einem Zopf gebunden waren. Argwöhnisch spähte der in den Garten hinaus.

Markus machte vorsichtshalber ein paar Fotos. Dann gab er es endgültig auf, hinüber zur Laube zu schleichen. Der Junge am Fenster würde ihn entdecken. Markus konnte nichts weiter tun – bis auf eines. Er musste herausfinden, wer hier wohnte.

Er sah sich um. In wenigen Metern Entfernung befand sich das Gartentor.

Er verließ sein Versteck und ging wie ein Spaziergänger der eisernen Pforte entgegen. Dann sah er das silberne Namensschild unter der Klingel. Darauf standen zwei Wörter, die ihn so überraschten, dass er schnell noch ein Foto schoss. Auf dem Schild war zu lesen:

Familie Schlemmer.

9

Voll im Bild!

Als Markus wenig später bei den Fünfzigers erschien, öffnete ihm Maria mit einem verständnislosen Blick die Haustür.

»Warum hast du uns denn hierher bestellt? Wozu haben wir unser Geheimversteck?«, schimpfte sie.

Markus grinste überheblich. Da wusste Maria sofort, dass sie sich die Frage hätte sparen können.

Und richtig! Markus holte den Fotoapparat aus der Tasche und meinte: »Haben wir in unserem Büro etwa einen Computer?«

Mehr brauchte er gar nicht zu verraten. Ohne ein weiteres Wort zu verlieren, führte ihn Maria nach oben in ihr Zimmer, wo Karl schon wartete. Sie schaltete den Computer ein und schloss die Kamera an.

Keine Minute später konnte man die Bilder, die Markus geschossen hatte, auf dem Bildschirm sehen.

»Eins nach dem anderen!«, sagte Markus und zeigte auf ein Foto, auf dem die Villa der Familie Schlemmer zu sehen war.

»Wisst ihr, wer da wohnt?«, fragte er.

Maria wusste sofort Bescheid. »Da wohnen doch die Schlemmers!«, sagte sie. »Das ist hier ganz in der Nähe.«

Markus nickte enttäuscht. Wenn er ehrlich war, dann hätte er Maria gerne ein wenig überrascht.

»Bis dahin bin ich Konrad gefolgt. Ich erspar euch die Einzelheiten. Die Jagd war nichts für schwache Nerven. Das kann ich euch sagen.«

Markus hatte erwartet, dass wenigstens einer der beiden etwas mehr über die abenteuerliche Verfolgung wissen wollte. Doch keiner fragte nach. Missmutig zeigte Markus auf ein anderes Foto und fragte: »Hier! Kennt ihr die etwa auch?«

Auf dem Bild war ein Mädchen zu sehen, das vor dem Haus der Schlemmers stand.

Maria winkte ab: »Das ist die Tochter vom alten Schlemmer. Martina heißt sie. Die geht bei uns auf die Schule. In die 11 b, wenn mich nicht alles täuscht.«

»Und was glaubst du, was sie da draußen zu suchen hatte?«, fragte Markus genervt.

»Na, was wohl? Sie wohnt doch da! Ist das alles, was du herausgefunden hast?«

»Nicht ganz!«, sagte Markus grob und deutete auf das nächste Bild.

»Nein!«, entfuhr es Maria.

»Doch!«, bekräftigte Markus. »Der Kerl, den sie da von oben bis unten abschlabbert, ist niemand anderes als unser sauberer Freund Konrad!«

»Das gibt's doch nicht!«, wunderte sich Maria.

»Gibt es doch!«, antwortete Markus ungeduldig und

klopfte mit dem Zeigefinger auf dem Bildschirm herum, wo schon wieder ein neues Foto zu sehen war.

Maria verschluckte sie sich fast. Mit weit aufgerissenen Augen starrte sie auf das Foto.

»Wer-um-alles-in-der-Welt-ist-das-da?«, stieß sie mühsam hervor.

Auf dem Bildschirm war ein Junge mit Zopf zu sehen, der aus einem Fenster der Villa schaute.

»Weiß nicht«, meinte Markus. »Sieht so aus, als würde er da wohnen.«

»Eben!«, schrie Maria jetzt fast.

Sie hatte einen bösen Verdacht. Weil sie sich aber noch nicht sicher war, sagte sie erst mal gar nichts. Dafür rannte sie zum Telefon. Sie hatte den Hörer schon abgehoben, als sie merkte, dass sie ja erst noch die Nummer suchen musste, die sie wählen wollte.

Schnell schlug sie im Telefonbuch nach. Dann wählte sie.

»Feinkost Schlemmer. Guten Tag! Was kann ich für Sie tun?«, meldete sich eine Stimme am anderen Ende der Leitung.

»Guten Tag«, sprach Maria in den Hörer. »Ich möchte gerne Herrn Bertram sprechen.«

»Bei uns gibt es keinen Herrn Bertram«, erwiderte die Stimme.

Maria musste kurz überlegen. Ihre Augen wurden so schmal wie Schlitze, als sie sagte: »Na gut. Dann möchte ich eben Herrn Bertram Schlemmer sprechen!«

»Einen Moment bitte! Ich verbinde«, sagte die Stimme.

Das genügte Maria. Sie legte auf. Triumphierend schaute sie ihre Freunde an.

Die warteten schon ungeduldig auf eine Erklärung.

Maria lächelte und sagte: »Der Junge am Fenster war Bertram Schlemmer, der Sohn vom alten Schlemmer. Der geht nicht auf unsere Schule. Deshalb kannte ich ihn auch nicht. Das heißt, eigentlich kannte ich ihn schon. Ich habe ihn nämlich vor zwei Tagen kennen gelernt. Da wusste ich allerdings noch nicht, wer er ist. Denn da wurde er mir als Lehrling vorgestellt. Und wisst ihr, was er als Lehrling gemacht hat?«

»Was denn?«, erkundigte sich Karl.

»Er hat das Weihnachtsessen für die Armenhäusler ausgefahren.«

»Und was hat das mit unserem Fall zu tun?«, stöhnte Markus, der nicht verstand, worauf Maria hinauswollte.

»Weiß ich noch nicht«, meinte Maria. »Ich finde das alles nur sehr merkwürdig. Man müsste direkt mal nachforschen, ob …«

»Gar nichts muss man!«, widersprach Markus heftig. Mit seiner Geduld war es endgültig vorbei! Was war nur mit Maria los? Ständig schweifte sie vom Thema ab. Zornig sagte er: »Das Einzige, was wir müssen, ist ganz was anderes!«

»Und was wäre das? Deiner Meinung nach?«, fragte Maria ohne richtiges Interesse zu zeigen.

»Brauchst gar nicht so zu tun«, schimpfte Markus. »Es geht immerhin um euer Besteck. Das müssen wir wieder finden. Und nichts anderes. Und da möchte ich wetten, dass die Laube nicht nur das Versteck vom Konrad ist!«

»Sondern?«, fragte Karl schnell.

»Denk mal scharf nach!«

»Du meinst …«

»Genau!«

Und Karl flüsterte: »Das Versteck vom Besteck!«

Nur Maria sagte nichts. Sie machte sich lieber ihre eigenen Gedanken.

10

Morgen bringt Kummer und Sorgen

A m nächsten Morgen schlichen drei wohl bekannte Gestalten auf das noble Anwesen der Familie Schlemmer zu.

Die Kirchturmuhr hatte gerade sechsmal geschlagen. Und da war es natürlich noch stockfinstere Nacht.

Die Gestalten blieben vor dem Gartentor stehen.

»Karl, du bleibst hier!«, sagte Markus. »Und gib sofort Bescheid, wenn jemand kommt!«

Karl nickte. Ganz einverstanden war er nicht, dass ausgerechnet er Schmiere stehen sollte. Aber einer musste es ja tun. Und so sah er nur zu, wie die anderen zwei über den Zaun kletterten und zur Laube hinüberschlichen.

Ganz langsam verschwanden die Freunde in der Dunkelheit, die sie davor schützte, beobachtet zu werden. Andererseits machte es die Finsternis auch schwerer, die Laube zu finden.

Obwohl Markus es eigentlich nicht wollte, musste er einmal kurz die Taschenlampe anschalten. Der Lichtstrahl wanderte über den schneebedeckten Boden und traf auf eine Wand aus dunklen Brettern.

Sofort schaltete Markus die Lampe aus. Er hatte genug gesehen. Von nun an wusste er, in welche Richtung sie gehen mussten.

Es war sechs Uhr siebzehn, als sie die Laube erreichten.

Die Fensterläden der Hütte waren geschlossen, sodass man nicht ins Innere sehen konnte. Ganz vorsichtig versuchte Markus sie zu öffnen. Ein leises Quietschen sagte ihm, dass er richtig vermutet hatte. Er griff in die Jackentasche und holte eine kleine Flasche hervor. Er drehte den Verschluss ab und ließ eine hellgelbe Flüssigkeit auf die Gewinde der Fensterläden tropfen.

»Öl!«, raunte er Maria zu, als er ihre Hand auf seinem Arm spürte.

Danach unternahm er einen zweiten Versuch. Diesmal gab es kein Quietschen mehr. Die Läden gingen ohne ein Geräusch zu machen auf.

Markus stellte sich auf die Zehenspitzen. Er konnte gerade so ins Innere der Hütte schauen.

Was er als Erstes sah, war das flackernde Licht einer dicken Kerze, die am Fußboden stand. Der Docht schwamm schon halb im flüssigen Wachs, sodass er nur noch schwach brannte.

Doch dieses Licht reichte aus!

Markus konnte ganz genau erkennen, dass neben der Kerze ein Mensch am Boden lag. Aus einem dicken Schlafsack schaute der Kopf eines Jungen heraus. Er hatte kurzes dunkles Haar.

»Konrad! Zweifel ausgeschlossen!«, flüsterte Markus.

Er wollte sich schon zu Maria umdrehen, als ihn eine innere Stimme warnte. Er stutzte kurz und schaute noch einmal genauer hin.

Maria hatte sein Zögern bemerkt.

»Was ist denn?«, flüsterte sie.

»Pssst!«, zischte Markus und seine Augen wanderten über den Körper, der da in der Laube am Boden lag. Dann hatte er es entdeckt.

Als würde er vor einem Schlag ausweichen, duckte er sich schnell nach unten. Und wenn es nicht so dunkel gewesen wäre, hätte Maria sein kreidebleiches Gesicht gesehen, als er sagte: »Es ist Konrad!«

»Das weiß ich doch schon! Na und?«

»Und … er … ist … geknebelt. Und gefesselt! Der Schlafsack ist mit einem Seil umwickelt. Auf dem Mund klebt ein dickes Pflaster.«

Die beiden Kinder sahen sich an. Sie atmeten so

schwer, dass dicke, eisige Wolken aus ihren Mündern kamen.

Schließlich fragte Maria: »Und nun? Was machen wir nun?«

Markus suchte krampfhaft nach einer Lösung. Er wusste, dass es das Beste gewesen wäre, wenn sie gar nichts unternehmen würden. Wenn sie zu Karl zurückkehren und die Polizei rufen würden. Aber wie wäre er dann vor Maria dagestanden?

Also sagte er: »Komm! Mir nach!«

»Was hast du vor?«

»Na, was wohl?«, hörte er sich selbst reden und wunderte sich, wie entschlossen es klang. Er war so beeindruckt von den eigenen Worten, dass er immer mutiger wurde. Als wäre es das Selbstverständlichste auf der Welt, raunte er Maria zu: »Na, was wohl? Ihn befreien, natürlich.«

Schon hatte er die Tür erreicht. Und bevor Maria widersprechen konnte, legte er die Hand auf die Klinke und drückte sie herunter.

Mit einem ekligen, lauten Quietschen gab die Tür nach. Und während Markus auf leisen Sohlen durch den schmalen Spalt schlich, überschlugen sich in seinem Kopf die Gedanken: Wenn Konrad gefesselt war, dann konnte dies nur bedeuten, dass ihn jemand gefangen hatte. Wenn ihn jemand gefangen hatte, dann musste eigentlich die Türe verschlossen sein. Wenn aber die Türe nicht verschlossen war, wenn sie offen war, dann konnte das nur eines bedeuten ...

Markus blieb abrupt stehen.

Dann konnte das nur eines bedeuten! Derjenige, der Konrad gefangen hielt, befand sich noch im Raum!

Die Einsicht war fürchterlich! Und sie war richtig! Aber sie war noch etwas: Sie war viel zu spät gekommen.

Plötzlich wurde die Tür weit aufgerissen. Jemand packte Markus am Arm und zog ihn in die Laube hinein. Unsanft schlug er auf dem Boden auf.

Ehe er sich's versah, landete Maria direkt neben ihm.

Sie hatte nur einen kurzen, verzweifelten Versuch unternommen, zu fliehen. Aber der Jemand war schneller. Und viel größer. Und er war so stark, dass er es locker mit ihnen beiden aufnehmen konnte.

11

Vorsicht, Falle!

»Ach, ihr seid's!«, sagte der Jemand. Seine Gesichtszüge entspannten sich von Sekunde zu Sekunde.

Er lächelte sogar freundlich und meinte: »Ihr müsst schon entschuldigen. Aber ich konnte ja nicht wissen, wer da kommt. Ich hab euch glatt für Einbrecher gehalten.«

Maria und Markus sahen den großen Kerl immer noch so erschrocken an, dass er lachen musste: »Na, nun regt euch schon ab. Es ist ja alles gut. Der Dieb ist gefasst.« Und dabei zeigte er auf Konrad, der in seinem Schlafsack zappelte wie ein Kleinkind im Strampelanzug.

»Bertram!«, sagte Maria endlich und rappelte sich mühsam auf. Sie zitterte noch am ganzen Leib. Obwohl sie wusste, dass der Junge niemand anderer als Bertram Schlemmer war, saß ihr der Schrecken noch ganz schön in den Knochen.

Markus erholte sich da schon etwas schneller. Kaum

stand er wieder auf den Beinen, fragte er: »Und was machen wir nun? Können Sie uns das auch verraten?«

Schlemmer junior lächelte und meinte: »Kannst ruhig
du sagen. Ich heiße Bertram und habe schon viel von
euch gehört. Ist ja nicht der erste Fall, den ihr löst,
oder?«

Er reichte Markus die Hand. Der schüttelte sie wichtig. Er war richtig stolz, dass sich ihre Fälle bis zu den Schlemmers herumgesprochen hatten.

Gut gelaunt sagte er: »Und ich heiße Markus. Sieht so aus, als wären wir diesmal zu spät gekommen. Du warst uns einen Schritt voraus.«

»Halb so wild!«, meinte Bertram. »Aber den Rest des Falls lösen wir gemeinsam. Ich suche nämlich noch immer die Beute des Diebs. Helft ihr mir suchen?«

»Und ob!«, freute sich Markus und knipste die Taschenlampe an.

»Du bist ja gut ausgerüstet!«, staunte Bertram.

»Reine Erfahrungssache!«, antwortete Markus und fing an den Raum zu untersuchen.

War es Glück? – Oder lag es an seinem untrüglichen Spürsinn?

Jedenfalls dauerte es kaum eine Minute und der Strahl seiner Lampe fiel auf einen großen Schrank.

»Hast du da drin schon gesucht?«, fragte Markus.

»Drinnen schon!«, erwiderte Bertram.

»Aha!« Markus musste grinsen. Er schnappte sich einen Stuhl, stellte ihn vor den Schrank und kletterte darauf. Er klemmte die Taschenlampe zwischen die Zähne und drehte den Kopf so, dass ihr Strahl genau dorthin leuchtete, wo er mit seinen Händen herumfingerte: auf der Oberseite des Schranks.

Alles war so einfach! Markus brauchte sich gar nicht richtig anzustrengen. Schon brachte er einen kleinen ledernen Koffer zum Vorschein. Vorsichtig zog er ihn hervor. Dann packte er kräftig zu und holte ihn herunter.

»Das ist er! … Das muss er sein!«, schrie Bertram außer sich vor Freude. »Nun mach ihn schon auf. Damit wir ganz sicher sind!«

Markus setzte den Koffer vorsichtig auf dem Stuhl ab. Er ließ die zwei Verschlüsse aufschnappen und öffnete den Deckel.

Auf einmal strahlte ihm ein solcher Glanz entgegen, dass er glatt die Taschenlampe hätte ausmachen können.

»Das Besteck!«, flüsterte er.

Und Bertram schlug ihm fröhlich auf die Schultern. »Mensch, Markus! Du bist ein echter Pfundskerl! Ein Vollprofi! Ich weiß nicht, was ich ohne dich gemacht hätte.«

Markus plusterte sich auf wie ein Pfau. Jedes Wort, das Bertram sagte, ging ihm runter wie Öl. Er hatte es ja gewusst! – Und er hatte Recht behalten. Es wurde Zeit, dass auch Maria es endlich einsah. Siegessicher schaute er sich nach ihr um. Wo steckte sie denn?

Als er sie entdeckte, hätte er fast einen Angstschrei ausgestoßen.

Maria hockte auf Konrad und bearbeitete sein Gesicht.

»Halt! Niiiiiicht!«, schrie Markus. »Lass ihn los. Er wird seine gerechte Strafe schon noch bekommen!«

Da warf Maria den Kopf herum, dass das blonde Haar ihr ins Gesicht wirbelte.

»Wer redet denn von Strafe? Ich will nur endlich wissen, was *er* dazu sagt!« Und damit riss sie ihm das Pflaster vom Mund.

Konrad stöhnte kurz auf, dann krächzte er mit hochrotem Kopf: »Ich weiß gar nicht, was ihr von mir wollt. Ich war's doch gar nicht!«

Bertram lachte laut: »Dummes Geschwätz! Natürlich war er's. Nicht, Markus?«

Markus nickte. »Natürlich«, sagte er. Aber es klang schon ein wenig unsicher. Zu sehr wunderte er sich, dass Maria sich so entschieden für Konrad einsetzte. Also fügte er hinzu: »Trotzdem sollten wir uns mal anhören, was er zu sagen hat.«

Bertram wollte protestieren.

Doch Konrad ließ sich nicht mehr aufhalten: »Ich war's nicht! Wenn ich's euch doch sage. Und ich kann es sogar beweisen. Ich habe nämlich ein wasserdichtes Alibi.«

»Was soll das heißen?«, fragte Markus erschrocken.

»Dass er zur Tatzeit nicht am Tatort war«, erklärte Maria.

»Ich weiß, was ein Alibi ist!«, stellte Markus klar.

»Dass ich nicht lache!«, schrie Bertram. »Wer hat dir das Alibi besorgt. Sag schon!«

Da lachte Konrad laut. Obwohl die Lage ernst war und obwohl ihn die Fesseln drückten.

»Wer wohl?«, rief er. »Niemand anderes als deine Schwester, Martina! Da staunst du, was?«

Jetzt war es Bertram, der einen hochroten Kopf bekam. Und das, obwohl er gar nicht gefesselt war.

»Martina? Lass bloß meine Schwester aus dem Spiel!«

Er wollte sich auf Konrad stürzen. Doch Markus stellte sich ihm mutig in den Weg.

»Warte!«, sagte er. »Das will ich genauer wissen.« Er gab Konrad einen Wink und meinte: »Also, ich höre!«

Konrad sah Markus dankbar an und erklärte: »Ich war am dritten Weihnachtstag gar nicht bei den Fünfzigers auf der Party. Ich war hier. Hier in der Laube! Mit Martina. Den ganzen Abend!«

»Du lügst!«

Bertram ließ sich nicht mehr aufhalten. Und schon gar nicht von Markus. Unsanft stieß er ihn zur Seite.

»Dann frag doch deine Schwester!«, rief Konrad.

»Gar keinen frag ich!«, donnerte Bertram und zeigte

auf den Besteckkoffer. »Der Beweis genügt! Du hast die Beute hier versteckt! Wer soll sie denn sonst hergebracht haben?«

Bertram schnaubte jetzt vor Wut. Trotzdem stellte sich Maria ihm entgegen. Sie blieb ganz ruhig, als sie ihren lang gehegten Verdacht aussprach: »Vielleicht derselbe, der die Armenhäusler um ihr Weihnachtsessen gebracht hat?«

Bertram brauchte ein paar Sekunden, bis er verstanden hatte.

»Was willst du damit sagen?«, schnauzte er Maria an.

Die ließ sich nicht einschüchtern. »Ganz einfach. Du warst es doch, der das Essen am Heiligen Abend in die Hasenstraße 12 gebracht hat. Oder?«

Bertram antwortete nicht. Er schaute sie nur erbost an.

Maria fuhr fort: »Und die Fuhre war so groß, dass der Lieferschein sechs Seiten hatte. Richtig?«

Keine Antwort.

»Und du warst es auch, der sich den Lieferschein hat unterschreiben lassen! Du hast ihn uns ja selbst gezeigt, als mein Vater und ich bei euch im Laden waren!« Maria hatte die Nase voll. Ohne Rücksicht auf Verluste enthüllte sie: »Jetzt stell dir mal vor, wer gestern auf dem Sozialamt war! Und wer sich nach dem Lieferschein erkundigt hat? Ja, da staunst du, was? Ich hab die ein wenig ausgequetscht. Und da haben sie mir gesagt, dass der Lieferschein nur zwei Seiten hatte. Die erste und die letzte. Die vier dazwischen haben sie nie gesehen. So ist das gewesen!«

»Ich weiß nicht, was du damit sagen willst!«, behauptete Bertram.

»Dann muss ich dich wohl aufklären!«, schimpfte Maria. »Du hast die vier Seiten herausgenommen, weil du dir das Essen unter den Nagel gerissen hast. Und damit die im Sozialamt keinen Verdacht schöpfen, hast du sie auf der letzten Seite unterschreiben lassen. Danach hast du die fehlenden Seiten wieder eingefügt. So hat keiner was gemerkt. Ein kleiner, feiner, gemeiner Plan!«

Bertram starrte Maria an. Er überlegte, was er zu seiner Verteidigung sagen könnte. Er hatte keine Idee. Also packte er Markus und Maria am Arm und zerrte sie zum Schrank.

»Los schnell!«, brüllte er. »Rein mit euch, aber dalli!«

Unsanft stieß er die beiden in den Schrank. Dann donnerte er die Türen zu und schloss sie von außen ab.

Inzwischen hatte es Konrad geschafft, sich halb aufzurichten. Wie eine Raupe robbte er zur Tür.

Bertram sah es gerade noch rechtzeitig. Mit drei

mächtigen Sprüngen hatte er Konrad erreicht und packte ihn am Kragen. Der wehrte sich aus Leibeskräften und trat mit den Füßen gegen die Tür, damit ihn vielleicht irgendjemand hörte.

»Gib dir keine Mühe!«, prahlte Bertram. »Da draußen ist niemand. Nicht um diese Zeit!«

Es ist schon merkwürdig, wie man sich täuschen kann! Eigentlich hätte man Bertram für klüger halten müssen. Jedenfalls für klug genug um bis drei zählen zu können. Wenn er es gekonnt hätte, dann wäre ihm aufgefallen, dass Maria und Markus nur zu zweit waren. Und dass einer von ihnen fehlte.

Dieser eine war Karl.

Und der spitzte auf einmal die Ohren.

12

Schöne Bescherung!

In der kleinen Gartenlaube herrschte Hochbetrieb. Maria und Markus waren aus dem Schrank befreit worden und redeten aufgeregt durcheinander.

Bertram kauerte auf dem Stuhl und hatte den Kopf in den Händen vergraben.

Konrad rieb sich die Arme und Beine. Die Fesseln hatten tiefe Druckstellen hinterlassen. Und obwohl Markus das Seil durchgeschnitten hatte, wollte der Schmerz noch lange nicht nachlassen. Martina saß neben ihm und strich ihm besorgt über das Haar.

Karl strahlte übers ganze Gesicht. Ab heute würde er nie wieder denken, dass Schmierestehen eine unwichtige Aufgabe war. Wenn er nicht ganz genau aufgepasst hätte, dann wäre jede Hilfe zu spät gekommen.

Als er gehört hatte, wie jemand mit den Füßen gegen die Laubentür trommelte, war er schnell herbeigeeilt. Vorsichtig hatte er durch das Fenster in den Innenraum gespäht.

Als er beobachtet hatte, wie Bertram versuchte, Konrad zu Maria und Markus in den Schrank zu sperren, war alles klar gewesen!

Ohne eine Sekunde zu verlieren, war er hinüber zum Haus der Schlemmers gerannt und hatte geklingelt.

Und nun stand Herr Schlemmer in der Laube und sah seinen Sohn entsetzt an.

Herr Schlemmer gab sich Mühe, zu verstehen, was Maria und Markus ihm berichteten. Auf einmal fühlte er sich nur noch müde. Und das lag nicht an der frühen Morgenstunde.

Leise sagte er: »Bertram? Stimmt das, was die zwei da sagen?«

Doch Bertram antwortete nicht.

»Bertram?«, wiederholte Herr Schlemmer. Und es klang unheimlich traurig, als er hinzufügte: »Dann sag mir wenigstens eines: warum?«

Aber Bertram vergrub den Kopf nur noch tiefer zwischen den Händen und schwieg beharrlich.

Da mischte sich Konrad ein: »Dann sag uns wenigstens, was du mit dem Essen gemacht hast!«

Plötzlich hob Bertram den Kopf und fuhr Konrad an: »Du hast hier gar nichts zu sagen! Du Penner! Bevor ich dir auch nur einen Brotkrumen gönne, schmeiß ich lieber alles weg! Du kannst ja mal auf der Müllhalde suchen! Da gehörst du schließlich auch hin!«

»Sag bloß, du hast das Essen weggeschmissen?« Herr Schlemmer bekam ganz glasige Augen. Das hätte er seinem Sohn nicht zugetraut!

Doch der war offenbar zu noch ganz anderen Dingen fähig. Er sprang von seinem Stuhl auf und rüttelte den Vater an den Schultern.

»Was weißt denn du, Pa? Der Penner macht seit Wochen mit Martina rum! Und du merkst nichts! Rein gar nichts! Bevor so einer mit meiner Schwester geht, bringe ich ihn lieber in den Knast! Damit du's weißt!«

Herr Schlemmer stieß seinen Sohn weit von sich. Angewidert sah er ihn einfach nur an.

Maria, Markus und Karl hielten den Atem an, was wohl als Nächstes passieren würde.

So wurde es für eine kurze Weile ganz still im Raum.

Es war Martina, die das Schweigen brach.

Sie ging auf ihren Bruder zu und sagte: »Du also hast das Besteck gestohlen! Und dann wolltest du es Konrad in die Schuhe schieben …«

»Einer musste es ja tun!«, entgegnete Bertram trotzig. »Was wollt ihr denn? Hätte doch fast geklappt!«

Da meldete sich Markus zu Wort: »Aber die Tüte mit den Beweisstücken! Die lag doch unter Konrads Bett. Wie ist die denn dahin gekommen?«

Bertram lachte fies. »Na, wie wohl?«

»Aber wie hast du das angestellt?«, staunte Markus.

Bertram schlug sich vor die Brust. »Denkst du, es ist ein großes Problem, in diese Bruchbude einzubrechen? Ich hab die Sachen einfach hingebracht. Fertig, aus!«

»Wann willst du das gemacht haben? Es war doch immer jemand da!«, fragte Konrad aufgebracht.

Bertram grinste: »Und während der Feier? War da auch jemand da?«

»Aber da hast du die Sachen doch selbst noch gebraucht!«, behauptete Markus.

Da ergriff Karl das Wort. »Es sei denn …«, kombinierte er, »… es sei denn, es gab von Anfang an zwei Verkleidungen. Die eine hat er unter Konrads Bett gelegt. Dann ist er in der zweiten Verkleidung auf die Feier gegangen und hat uns den Weihnachtsmann vorgespielt.«

Bertram klatschte in die Hände. »Bravo!«, lachte er. »Damit wäre der Fall ja gelöst. Bravo!«

Er schien überhaupt nicht zu begreifen, dass er etwas Unrechtes getan hatte. Für ihn war die ganze Angelegenheit erledigt. Wie selbstverständlich sagte er: »Nichts für ungut! Ich geh dann mal!«

Mit einem dreisten Grinsen stiefelte er auf die Tür zu.

»Halt!«, ertönte da eine laute Stimme. Sie gehörte Herrn Schlemmer. »Du bleibst hier! Es kann nicht schaden, wenn zur Abwechslung mal du ein paar Stunden eingesperrt bist!«

Er schaute seinen Sohn so streng an, dass der auf der Stelle gehorchte und stehen blieb. Verständnislos stierte er seinen Vater an.

Herr Schlemmer tat so, als würde er es übersehen.

Dafür lächelte er den anderen zu und meinte: »Ich für meinen Teil könnte jetzt ein Frühstück gut vertragen.« Dann warf er Bertram einen bösen Blick zu und versprach: »Wir zwei sprechen uns noch!«

In der großen Küche der Familie Schlemmer roch es nach frischem Kaffee. Die Brötchen waren noch ganz warm, der Tisch weihnachtlich gedeckt.

Maria, Markus und Karl pusteten in ihren Kakao.

Martina und Konrad saßen ganz dicht nebeneinander.

Herr Schlemmer rührte gedankenverloren in seiner Tasse herum. Er wusste, was ihn gleich erwartete. Aber es half ja alles nichts. Ihm blieb keine Wahl. Also hatte er die Person angerufen, der gegenüber er sich schämte, wie er sich noch nie in seinem Leben geschämt hatte.

Plötzlich klingelte es an der Haustür.

Herr Schlemmer zuckte zusammen.

Kurz darauf erschien jemand in der Küche, den Maria nur allzu gut kannte.

»Hallo Paps!«, rief sie ihrem Vater entgegen. »Stell dir vor, was wir gefunden haben.«

Sie strahlte vor Freude, als sie auf den Besteckkoffer zeigte.

»Konstantin, ich muss dir was erklären!«, sagte Herr Schlemmer mit gequälter Stimme.

Und während er Herrn Fünfziger berichtete, langten die Drei ordentlich zu. Sie kannten die Geschichte ja schon. Also schlugen sie sich richtig die Bäuche voll.

Als sie so viel gegessen hatten, dass sie beinahe platzten, war Herr Schlemmer endlich mit dem Erzählen fertig.

»Und? Konstantin? Was sagst du nun?«, erkundigte er sich vorsichtig.

Herr Fünfziger hatte Mund und Augen so weit aufgesperrt, dass in seinem Kopf ein ziemlicher Durchzug herrschen musste.

Alle starrten ihn an. Alle warteten darauf, was er nun sagte. Aber zuerst sagte er nichts.

Er tat etwas. Und das war beinahe noch wichtiger.

Er lächelte.

Dann rückte er endlich mit der Sprache heraus. Er sagte: »Na, das ist ja eine schöne Bescherung!«

Herrn Schlemmer fiel ein Stein vom Herzen. Erleichtert fing er an zu lachen. Und alle anderen stimmten mit ein.

»Eine schöne Bescherung. Das ist gut! Das ist wirklich gut!«

Aber es war nicht nur gut. Es war noch etwas: Mit dieser etwas verspäteten Bescherung war Weihnachten endgültig

vorbei.